« POUR NOS HOMMES, SENSIBLES ET COURAGEUX
HIPPOLYTE, FLORENT, ARNAUD, DARIUS, FRED, SAM. »

LOUIS PARMI LES SPECTRES

Louis parmi les spectres
© Fanny Britt et Isabelle Arsenault. Tous droits réservés. 2016
© Les Éditions de la Pastèque

Les Éditions de la Pastèque
C·P· 55062 CSP Fairmount
Montréal (Québec) H2T 3E2
Téléphone : 514 502-0836
www.lapasteque.com

Révision : Céline Vangheluwe et Sophie Chisogne
Infographie : Stéphane Ulrich

Dépôt légal : 4ᵉ trimestre 2016
Bibliothèque et Archives nationales du Québec
Bibliothèque et Archives Canada
ISBN 978-2-89777-000-6

Nous reconnaissons l'appui du gouvernement du Canada.
We acknowledge the support of the Government of Canada.

 Conseil des Arts   Canada Council
du Canada   for the Arts

Nous remercions le Conseil des Arts du Canada de son soutien.
L'an dernier, le Conseil a investi 153 millions de dollars pour mettre de l'art
dans la vie des Canadiennes et des Canadiens de tout le pays.

We acknowledge the support of the Canada Council for the Arts,
which last year invested $153 million to bring the arts to Canadians
throughout the country.

Nous reconnaissons l'aide financière du gouvernement du Québec
par l'entremise de la Société de développement des entreprises
culturelles (SODEC) pour nos activités d'édition.

Gouvernement du Québec – Programme de crédit d'impôt
pour l'édition de livres – Gestion SODEC.

Nous reconnaissons l'aide financière du gouvernement du Canada
par l'entremise du Fonds du livre pour nos activités d'édition.

 Conseil des arts
et des lettres du Québec
Québec ■■

Isabelle Arsenault remercie le Conseil des arts et des lettres du Québec
pour son appui financier.

1ʳᵉ édition
Imprimé au Canada

Catalogage avant publication de
Bibliothèque et Archives nationales du Québec et
Bibliothèque et Archives Canada

Britt, Fanny, 1977-

Louis parmi les spectres

Pour les jeunes de 12 ans et plus.

ISBN 978-2-89777-000-6

1. Romans graphiques.
I. Arsenault, Isabelle, 1978-   . II. Titre.

PZ23.7.B758Lou 2016   j741.5'971
C2016-941816-2

FANNY BRITT
ISABELLE ARSENAULT

LOUIS PARMI LES SPECTRES

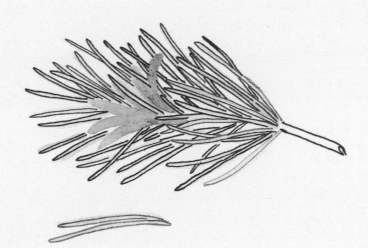

LA PASTÈQUE

MON PÈRE PLEURE.

JE NE VEUX PAS DIRE QU'IL PLEURE AU MOMENT OÙ ON SE PARLE,

QUOIQUE C'EST PROBABLEMENT
LE CAS.

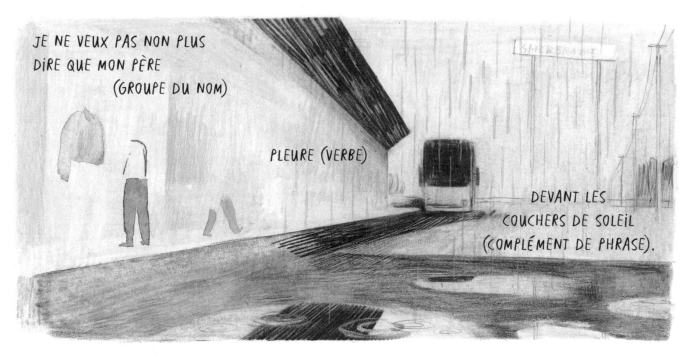

JE NE VEUX PAS NON PLUS
DIRE QUE MON PÈRE
(GROUPE DU NOM)

PLEURE (VERBE)

DEVANT LES
COUCHERS DE SOLEIL
(COMPLÉMENT DE PHRASE).

JE VEUX DIRE : MON PÈRE PLEURE.

LE CHIEN ABOIE.

LE CHAT MIAULE.

MON PÈRE PLEURE.

TRUFFE PENSE QUE C'EST PARCE QU'IL NOUS AIME TROP.

CE N'EST PAS FAUX.

MAIS ENTRE VOUS, MOI ET LE CHAUFFEUR D'AUTOBUS,

PAS BESOIN D'UN DOCTORAT EN AÉROSPATIALE POUR SAVOIR QUE SI MON PÈRE PLEURE

C'EST SURTOUT, D'ABORD, À CAUSE DU VIN.

QUAND IL EN BOIT
(TOUS LES JOURS DÈS ONZE HEURES,
AVANT ÇA IL FAIT SEMBLANT DE NE PAS
TREMBLER EN BRASSANT SON CAFÉ),
ÇA SE PASSE TOUJOURS
DE LA MÊME MANIÈRE.

PREMIÈRE GORGÉE,
YEUX FERMÉS.

QUELQUES VERRES DANS LE NEZ :
GRANDS PROJETS.

SI JE CHOISIS CE MOMENT-LÀ POUR PROPOSER LA CONSTRUCTION D'UNE CABANE DANS L'ARBRE OU LA CONFECTION D'UNE MURALE DANS LE SALON,

C'EST GARANTI, IL DIRA OUI.

FIN DES STOCKS : BONJOUR LES LARMES. IL S'ASSOIT AU PIANO, IL CHANTE, IL PLEURE.

TRUFFE ADORE ÇA, SURTOUT QUAND IL FAIT
DU JAMES BROWN.

This is a man's world,
but it would be nothing
nothing without a woman
or a girl—

James Brown, il cherche son amour. C'est pour ça qu'il est triste.

ET MON PÈRE PLEURE ENCORE PLUS FORT.

ILS ONT ÇA EN COMMUN, TRUFFE ET LUI.
ILS ADORENT LES GROSSES ÉMOTIONS EXAGÉRÉES.
LA DIFFÉRENCE, C'EST QUE TRUFFE,
IL FAIT ÇA POUR JOUER.

QUAND ON REPART EN VILLE, C'EST TOUJOURS PIRE.

LA VEILLE, QUAND IL PENSE QUE TOUT LE MONDE DORT, IL PLEURE PENDANT DES HEURES,

COMME POUR DISTRAIRE LA DOULEUR.

JE LE SAIS, PARCE QUE JE L'ESPIONNE.

IL PENSE À LA VIE D'AVANT,
QUAND ON VIVAIT TOUS LES QUATRE ICI,
ET QU'IL CONSTRUISAIT DES CHAISES QUI
SENTAIENT BON LE BOIS ET LE VERNIS,

ET QUE MA MÈRE PRÉPARAIT DES SABLÉS
QUI SENTAIENT BON LE BEURRE ET
LA TRANQUILLITÉ.

IL PENSE AUX COUINEMENTS DE TRUFFE
QUAND IL ÉTAIT BÉBÉ, À SES PREMIERS
MOTS :

Freeeel
good.

IL PENSE À NOS VACANCES EN CAMPING,

AUX DEVINETTES DANS L'AUTO,
AUX BATAILLES DE NEIGE.
IL PENSE AU SOURIRE DE MA MÈRE,
DU TEMPS OÙ ELLE SOURIAIT.

JE LE SAIS,
PARCE QUE MOI AUSSI.

Au début, non.
Il faut être patient,
à la pêche.
Attendre le bon
moment.

C'était quoi
le meilleur moment
de toute l'année?

Probablement le
lendemain de la Saint-Jean.
Surtout derrière le
terrain des
Bergeron.

Là, il y en
avait plein?

Plein.

29

IL N'A PAS BESOIN D'ENTENDRE LA RÉPONSE.
IL LA CONNAÎT DÉJÀ.

MA MÈRE NOUS ATTEND TOUJOURS SOUS LE PREMIER QUAI DU TERMINUS,
CELUI PEINT EN JAUNE AVEC UN GRAFFITI «JOHN LOVES JESS»
SUR LE CÔTÉ.

TRUFFE ME DEMANDE TOUJOURS, QUAND ON PASSE DEVANT,
SI JESS A VU LE MESSAGE ET SI ELLE EST CONTENTE.

AUJOURD'HUI, IL OUBLIE DE ME LE DEMANDER,
PARCE QUE MA MÈRE L'INTERCEPTE DÈS SA SORTIE
DE L'AUTOBUS ET LE SERRE CONTRE ELLE

TELLEMENT FORT QU'IL TOUSSOTE
DE MANQUE D'AIR.

ENSUITE, ELLE LUI PASSE UNE LINGETTE
SUR LES DOIGTS, POUR DÉSINFECTER.

PUIS, ELLE M'EMBRASSE TROIS FOIS SUR LA
MÊME JOUE, PARCE QU'ELLE PENSE QUE JE VAIS
ME SAUVER SI ELLE TENTE DE SE RENDRE À
L'AUTRE JOUE.

ELLE A PROBABLEMENT RAISON.

LONGTEMPS ELLE A ESSAYÉ LE TRUC DE LA LINGETTE AVEC MOI AUSSI.
MAINTENANT, ELLE SE RETIENT.

CHAQUE FOIS,
ELLE NOUS PROMET DES TACOS
ET ON FAIT LA COURSE JUSQU'À L'AUTO.

JE PENSE QU'ELLE PENSE QU'ON NE LA VOIT PAS S'ESSUYER LES YEUX DANS LE RÉTROVISEUR.

LA CABANE DANS L'ARBRE

MA MÈRE APPELLE NOTRE APPARTEMENT «LA CABANE DANS L'ARBRE».
C'EST UN CINQ ET DEMIE AU TROISIÈME ÉTAGE D'UN TRIPLEX
QUI DONNE SUR L'AUTOROUTE MÉTROPOLITAINE.

QUAND ON S'ASSOIT SUR LE BALCON ARRIÈRE,
ON A UNE VUE (IMPRENABLE ! DIT MA MÈRE) SUR LES AUTOS,
LES CAMIONS, LES KLAXONS, LES BOUCHONS ET LE BÉTON.
UN JARDIN AUTOMOBILE AU-DESSUS DUQUEL NOTRE FAMILLE EST PERCHÉE,
COMME UNE FAMILLE D'OISEAUX EMPOUSSIÉRÉS.

ELLE DIT QUE C'EST PRESQUE AUSSI
BEAU QUE LE JARDIN D'AVANT,
CELUI DE LA CAMPAGNE,

CELUI QUI DEPUIS NOTRE DÉPART iL Y A UN AN ET DEMi
S'EST NOYÉ DANS LE CHiENDENT ET LES FEUiLLES MORTES,
PARCE QUE MON PÈRE NE S'EN OCCUPE PAS.

ÇA LUI RAPPELLE TROP MA MÈRE À GENOUX DANS LA TERRE AVEC SES GANTS FLEURIS ET SON CHAPEAU DE COWBOY ET TRUFFE QUI LA COUVRE DE BISOUS ET MOI QUI APPORTE LA LIMONADE.

JE NE SUIS PAS SÛR D'AVOIR DÉJÀ APPORTÉ DE LA LIMONADE À MA MÈRE PENDANT QU'ELLE JARDINAIT.

PARFOIS, JE PENSE QUE MON PÈRE INVENTE DES FAUX SOUVENIRS QUAND IL A FAIT LE TOUR DES VRAIS.

Tu m'étonnes.

RÉPOND MA MÈRE
QUAND JE LUI EN PARLE.

MA MÈRE AIME LE SARCASME, C'EST SA SPÉCIALITÉ.

N'EMPÊCHE, LE BALCON, C'EST LE MEILLEUR POSTE D'OBSERVATION POUR REPÉRER LES POLICES FANTÔMES. BORIS VIENT ME REJOINDRE ET ON ESPIONNE ENSEMBLE.

C'est toujours
des voitures brunes.
Brunes ou grises avec
des longs capots.

Des Chrysler.
Principalement des
Chrysler.

Regarde, on
voit son détecteur
de radar.

C'est une
antenne radio.

Je pense que
c'est un détecteur
de radar.

On pourrait lui
lancer des roches.

Ouais, comme ça,
si c'est un vrai, il
va nous arrêter.

C'était une
blague, Boris.

Oh.
Je le savais.

BILLIE, C'EST ELLE.
UNE SIRÈNE À LUNETTES, UNE TEMPÊTE DE PLUIE,
UNE FONTAINE À CHOCOLAT, UNE REINE MUETTE.

BILLIE PARLE TRÈS PEU. JE PENSE QUE C'EST
PARCE QUE LES AUTRES LA DÉÇOIVENT TELLEMENT
QU'ELLE EN PERD L'USAGE DE LA PAROLE.

QUAND ELLE PARLE, TOUT S'ILLUMINE,
TOUT EXPLOSE EN GRAPPES DE MIEL ET DE FEU.
BILLIE NE FAIT PAS DES MENACES,
ELLE FAIT DES PROMESSES.

ELLE AFFRONTE LES GRANDS NIAISEUX DANS NOTRE CLASSE QUI COGNENT SUR LES PETITS DE DEUXIÈME, EN RELEVANT LE MENTON, EN NE BAISSANT JAMAIS LES YEUX, ET EN PARLANT TOUT DOUCEMENT,

TELLEMENT QU'IL FAUT ÊTRE TRÈS PRÈS, DISONS CACHÉ DERRIÈRE LA POUBELLE DE LA COUR AVEC BORIS POUR ÊTRE SÛR QU'ELLE NE NOUS VOIE PAS, POUR L'ENTENDRE LANCER :

J'ai pas peur de vous.

ENSUITE, ELLE REMONTE
LES LUNETTES SUR SON NEZ.

L'ÉMOTION LES FAIT DESCENDRE, À PEINE, JE PARIE QUE JE SUIS LE SEUL À L'AVOIR REMARQUÉ
D'AILLEURS, EN TOUT CAS JE L'ESPÈRE, PARCE QU'ÊTRE LE SEUL À VOIR SES LUNETTES DESCENDRE,
C'EST PRESQUE ÊTRE SEUL AVEC ELLE.

RIEN D'AUTRE NE L'INTÉRESSE QUE SES LIVRES.
ELLE LIT DE LA SCIENCE-FICTION, ELLE LIT DES ROMANS D'AVENTURES,

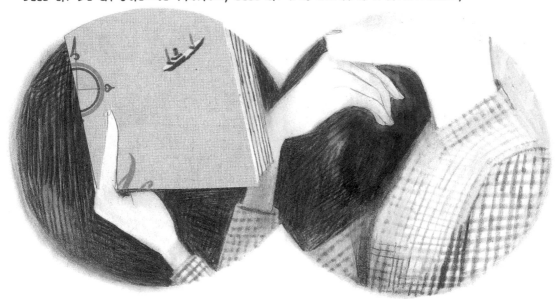

ELLE LIT DES BIOGRAPHIES DE GROUPES DE MUSIQUE QUE JE CONNAIS
SEULEMENT À CAUSE DES POCHETTES DE VINYLES DE MON PÈRE.
ELLE LIT UN LIVRE PAR SEMAINE.

LE SOIR, ELLE ENFOURCHE SON VÉLO TOUT NOIR
ET FILE TOUTE SEULE EN DIRECTION NORD,
VERS LA RIVIÈRE.

J'AI VOULU LA SUIVRE, VOIR OÙ ELLE HABITE
(DANS UNE MAISON OU UNE GROTTE ? PARMI
LES FÉES OU DES HORDES DE PETITES SŒURS ?
D'OÙ VIENS-TU, BILLIE, DE QUELLE PLANÈTE ?).

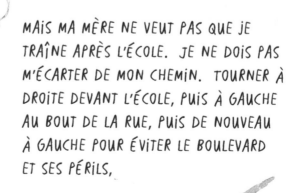

MAIS MA MÈRE NE VEUT PAS QUE JE
TRAÎNE APRÈS L'ÉCOLE. JE NE DOIS PAS
M'ÉCARTER DE MON CHEMIN. TOURNER À
DROITE DEVANT L'ÉCOLE, PUIS À GAUCHE
AU BOUT DE LA RUE, PUIS DE NOUVEAU
À GAUCHE POUR ÉVITER LE BOULEVARD
ET SES PÉRILS,

PUIS MONTER L'ESCALIER
SANS M'ARRÊTER SANS PARLER
AUX ÉTRANGERS SANS ME RETOURNER,
PUIS TÉLÉPHONER AU BUREAU DE MA MÈRE
POUR DIRE QUE JE SUIS ARRIVÉ.

QUI SAIT CE QUI POURRAIT M'ARRIVER SI JE TRAVERSAIS LE BOULEVARD ?
QUI SAIT CE QUI RÔDE DANS LA PÉNOMBRE DES RUELLES ?
QUI SAIT JUSQU'OÙ JE POURRAIS ME PERDRE ?

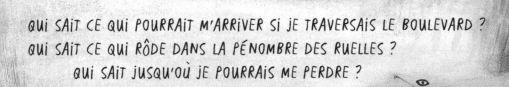

Donc, tu lui parleras pas aujourd'hui ?

Non.

Pas aujourd'hui.

JE SUIS AMOUREUX DE BILLIE DEPUIS LA PREMIÈRE SECONDE DE LA PREMIÈRE MINUTE DE LA PREMIÈRE JOURNÉE OÙ JE L'AI VUE. ÇA NE M'ÉTAIT JAMAIS ARRIVÉ AVANT.

JE NE SAVAIS PAS QUE L'AMOUR C'EST COMME UNE ROCHE QUI NOUS EXPLOSE LE CŒUR, QUI FAIT MAL AUTANT QU'IL FAIT VIVRE, ET QU'IL DONNE ENVIE DE FUIR EN MÊME TEMPS QU'IL NOUS EMPÊCHE DE LE FAIRE.

CE QUE JE SAVAIS, C'EST QUE LA PLUPART DU TEMPS,

ÇA FINIT MAL.

THAT'S WHAT YOU GET FOR LOVING MEEE, EVERYTHING YOU HAD IS GOOOONE —

GÉMIT MON PÈRE À MINUIT, LES SOIRS OÙ IL A EU UNE « CONVERSATION DIFFICILE » AVEC MA MÈRE.

Courage, Louis.

Courage.

IL PARAÎT QUE LES PARENTS VEULENT TOUJOURS DONNER À LEURS ENFANTS CE QU'EUX N'ONT JAMAIS EU. UN TRICYCLE ROUGE, UNE CHAÎNE STÉRÉO, DES VACANCES À LA MER.

DU COURAGE.

QUATRE JOURS AVANT LES VACANCES

LES RUES SENTENT L'ÉTÉ ET LES SAUCISSES FUMÉES.

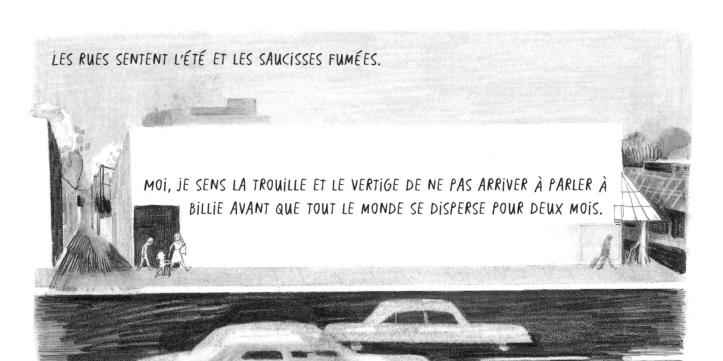

MOI, JE SENS LA TROUILLE ET LE VERTIGE DE NE PAS ARRIVER À PARLER À BILLIE AVANT QUE TOUT LE MONDE SE DISPERSE POUR DEUX MOIS.

BORIS M'A SUGGÉRÉ DE LUI OFFRIR UN CADEAU -

des fleurs,

du chocolat,

peu importe.

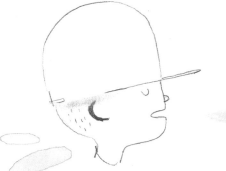

C'est un classique.

BORIS PARLE AVEC UN AIR DE SPÉCIALISTE, MALGRÉ SA TÊTE DE PANAIS PAS ENCORE POUSSÉ.

N'EMPÊCHE, UN MATIN JE PARS AVEC MA MÈRE ET TRUFFE FAIRE DES COURSES SUR LA PLAZA ST-HUBERT ET J'ÉCHAFAUDE DES PLANS DANS MA TÊTE POUR TROUVER UNE FAÇON D'ACHETER UN CADEAU POUR BILLIE, DISCRÈTEMENT, SANS ÊTRE VU.

PAS QUE MA MÈRE S'Y OPPOSERAIT, MAIS SI ELLE SAVAIT, ELLE S'INQUIÉTERAIT – APRÈS TOUT, ON N'A PAS BEAUCOUP DE CHANCE EN AMOUR, DANS LA FAMILLE –

ET ELLE S'INQUIÈTE DÉJÀ BIEN ASSEZ COMME ÇA.

QUAND TRUFFE RÉCLAME UNE VISITE À L'ANIMALERIE,

J'EN PROFITE POUR PRÉTEXTER UNE ENVIE DE VOIR LES DÉS À COLLECTIONNER AU MAGASIN DE JEUX, ET JE M'ÉCLIPSE.

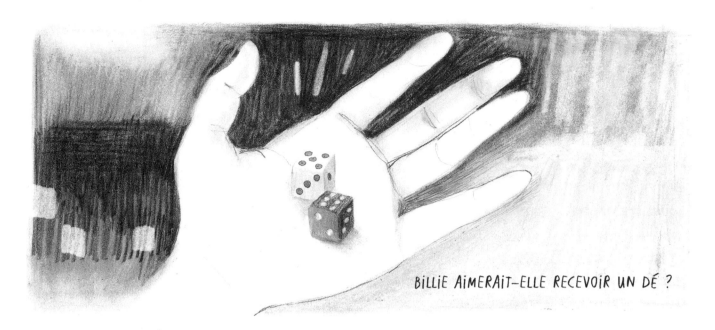

BILLIE AIMERAIT-ELLE RECEVOIR UN DÉ ?

Original mais pas trop.

A SUGGÉRÉ BORIS,
QUI A TOUT DE MÊME DEUX SŒURS.

UN PAQUET DE CARTES ?
UNE FIGURINE JAPONAISE ?

TRUFFE APPARAÎT DANS LA VITRINE.
LE TEMPS PRESSE.

JE PAIE RAPIDEMENT UNE PAIRE DE DÉS À HUIT FACES, CHIFFRES DORÉS SUR FOND ROUGE, ET JE LES FOURRE DANS MA POCHE.

À PEINE TROIS PAS PLUS LOIN,

UN CHIEN, SUIVI D'UN MONSIEUR AUX JOUES ROUGES
ET AUX YEUX ÉTEINTS,

SE JETTE SUR TRUFFE ET FAIT
BASCULER SA TROTTINETTE.

MA MÈRE LANCE UN

HÉ !

FÉROCE.

J'AIDE TRUFFE À SE RELEVER.

JOUES-ROUGES-YEUX-ÉTEINTS S'APPROCHE ALORS
DE TRUFFE, TOUT DOUCEMENT.

AVANT QUE MA MÈRE AIT PU L'EN ÉLOIGNER,
IL HURLE

BOUH!

ET S'EN VA EN RIANT,
SON CHIEN TROTTANT PRÈS DE LUI.

MA MÈRE, TRUFFE ET MOI RESTONS UN LONG
MOMENT SUR LE TROTTOIR, IMMOBILES, SECOUÉS.

TRUFFE, PARCE QU'IL NE COMPREND
RIEN À CE QUI VIENT DE SE PASSER.

MAMAN, PARCE QU'ELLE EST TELLEMENT FURIEUSE
QU'ELLE N'ARRIVE PLUS À BOUGER.

MOI, PARCE QUE J'AVAIS LÀ UNE VRAIE DE VRAIE OCCASION
D'ÊTRE COURAGEUX, ET QUE JE N'AI RIEN FAIT.

JE SUIS LE PLUS GRAND COUILLON ET LE PLUS
REDOUTABLE CRÉTIN QUE LA TERRE AIT PORTÉ.

CE N'EST PAS UNE PAIRE DE DÉS QUI VA
CHANGER ÇA.

LE CRI EST ÉTRANGE,
DIFFICILE À RECONNAÎTRE D'ABORD.
UN CHAT BLESSÉ ?
LE VENT SIFFLANT D'UNE NUIT DE SOLSTICE ?
IL ME RÉVEILLE, EN TOUT CAS.

IL RÉVEILLE AUSSI MA MÈRE, QUI ALLUME SA LAMPE DE CHEVET. JE RECONNAÎTRAIS CE SON-LÀ ENTRE MILLE : LE BRUISSEMENT DE MA MÈRE QUI NE DORT PAS AU MILIEU DE LA NUIT.

JE METS QUELQUES SECONDES À COMPRENDRE
QUE CE CHAT, CE VENT, C'EST MON PÈRE
DEHORS, QUI TAMBOURINE À LA PORTE ET
GÉMIT EN APPELANT MA MÈRE. MON CŒUR
S'EMBALLE, UN PEU À CAUSE DE LA PEUR,
BEAUCOUP À CAUSE DE LA HONTE.

MA MÈRE LUI OUVRE LA PORTE RAPIDEMENT,
LE FAIT ENTRER SANS ATTENDRE :

SURTOUT ÉVITER UN AUTRE CRI,
SURTOUT NE PLUS ENTENDRE SA VOIX IMBIBÉE
CRIER SON AMOUR POUR ELLE,
SURTOUT PAS ÇA.

AU DÉBUT, IL PARLE SI FORT QUE JE N'AI MÊME PAS BESOIN DE TENDRE
L'OREILLE POUR COMPRENDRE. MAIS MA MÈRE SORT SA VOIX D'OUTRE-TOMBE,
CELLE QU'ELLE UTILISE SEULEMENT POUR LES URGENCES VITALES DE TYPE
TRUFFE-QUI-S'APPRÊTE-À-ENGLOUTIR-UNE-AMANITE-TUE-MOUCHE.

LE RESTE DE LEUR CONVERSATION EST FLOU. DEUX OU TROIS ÉCLATS
SE RENDENT JUSQU'À MOI. D'ABORD UNE PHRASE :

Te souviens-tu
de notre île ?

PUIS UN SANGLOT, AIGU, SURPRENANT, COMME QUAND UN POLITICIEN
ANNONCE SA DÉMISSION ET QU'IL S'ÉTOUFFE DANS SA CRAVATE.
PUIS LA VOIX CASSÉE DE MA MÈRE, QUE J'AURAIS PRÉFÉRÉ NE PAS
ENTENDRE :

On est en
poussière.

On est tous en
miettes de poussière.

J'AI FERMÉ LES YEUX TRÈS FORT,
POUR ME BOUCHER LES OREILLES.

AU MATIN, AUCUNE TRACE DE MON PÈRE,
SAUF DANS LES YEUX ROUGIS DE MA MÈRE.

TRUFFE, QUI LIT L'HUMEUR
DU MONDE SUR LE VISAGE
DE NOTRE MÈRE,
LUI DEMANDE POURQUOI
ELLE EST TRISTE.

ELLE LUI RÉPOND QUE C'EST LA FAUTE
AUX ALLERGIES,

ET ENCHAÎNE AVEC UN EXPOSÉ ORAL SUR LE
POLLEN ET LE PRINTEMPS.

As-tu bien dormi, Louis ?

JE REGARDE SES YEUX DE GRENOUILLE,

PUIS TRUFFE QUI CONSTRUIT UNE TOUR DE PISE EN CHEERIOS,

PUIS LES CLÉMATITES QUI FLEURISSENT SUR LE BALCON.

Comme une brique.

JE NE SAIS PAS SI ELLE ME CROIT.

DERNIER JOUR D'ÉCOLE

Elle sort, là.

Je sais, arrête de la regarder.

Mais elle sort, là.

Boris !

Si tu y vas pas maintenant, tu iras jamais. Tu vas vivre avec la brûlure de la honte tout l'été.

Merci, ça m'aide.

De rien.

EN ÉTÉ, ELLE EST ENCORE
PLUS BELLE QUE PENDANT
LES AUTRES SAISONS.

C'EST À CAUSE DES CHIGNONS
COMPLIQUÉS QU'ELLE SE FAIT
DANS SES CHEVEUX DE MIEL.

ON DIRAIT UNE HORS-LA-LOI
DU *FAR WEST*, CALAMITY JANE
EN VÊTEMENTS DE FRIPERIE ET
SOULIERS DE COURSE.

BILLIE THE KID.

LES DÉS SONT BRÛLANTS DANS MA MAIN MOITE.

C'est trop con,
de toute manière.
Une paire de dés;
elle va trouver ça
ridicule.

J'ai expressément demandé des dés à huit faces pour Noël !

Justement.

Elle s'en —

Elle s'en va, oui.
Je sais.

BORIS ET MOI LA REGARDONS PARTIR, ET PARCE QUE C'EST QUAND MÊME UN AMI, IL A LE BON GOÛT DE SE TAIRE PENDANT QUE JE LA VOIS DISPARAÎTRE SUR SON VÉLO TOUT NOIR.

Tu veux une frite ?
C'est moi qui paie.

J'ai piqué cinq dollars
en petite monnaie entre
les craques du divan.

MÊME LES MAUVIETTES ONT FAIM.

BORIS ET MOI MANGEONS DES FRITES PENDANT UNE SEMAINE, PUIS IL PART CHEZ SA GRAND-MÈRE DANS LE NORD.

MOI, JE PARS FAIRE LA FILE DANS UN CAMP DE JOUR. TROIS SEMAINES À RÉPÉTER LES MÊMES CHANSONS, DONT L'ÉCHO ME SUIT JUSQUE DANS LA NUIT.

AU DÉBUT DU MOIS D'AOÛT, TRUFFE ET MOI PARTONS ENFIN CHEZ MON PÈRE, AVEC NOS VALISES ET NOS TROTTINETTES, POUR DEUX SEMAINES

COMPLÈTES.

MÊME L'ODEUR DE LA MAISON ME LE
RÉVÈLE. IL N'Y A PAS CE PARFUM ACIDE
D'ALCOOL FERMENTÉ DANS L'AIR.

Vous allez voir, on va
avoir des vacances géniales !
On va planter des tomates et
on va construire
un bolide !
On va former
un band de soul
avec une chanteuse
à cheveux rasés ?

Tout ce que
tu veux, Truffe.

JE PENSE APPELER MA MÈRE POUR LA RASSURER.
ELLE N'A RIEN DIT, MAIS JE L'AI BIEN VUE SE COUPER LE TOUPET IMPULSIVEMENT
DANS LA SALLE DE BAIN LE MATIN DE NOTRE DÉPART.

QUAND ELLE S'INQUIÈTE
(C'EST-À-DIRE : QUAND ELLE S'INQUIÈTE PLUS QUE D'HABITUDE),

ELLE SE COUPE TOUJOURS
LE TOUPET.

ENSUITE, ELLE RÂLE SUR
SON TOUPET PENDANT
TROIS JOURS.

ENSUITE, ELLE MET DES
BARRETTES POUR LE LAISSER
POUSSER.

ENSUITE, ELLE RECOMMENCE.

AU DÉBUT, JE PENSE QUE C'EST UN SAC,
OU UN TAS DE BRANCHES.

PUIS, JE VOIS QUE C'EST UN ANIMAL.

MARMOTTE?

CASTOR?

RATON?

UN RATON, PAS TELLEMENT PLUS VIEUX QU'UN BÉBÉ.

SA PETITE PATTE QUI LUTTE POUR SE DÉCOINCER M'APPREND QU'IL EST TOUJOURS VIVANT.

LE SOUFFLE RAPIDE, COURT. LES YEUX MÉFIANTS, AGRESSÉS PAR LA LUMIÈRE.
JE ME SOUVIENS QUE LES RATONS N'AIMENT PAS LE PLEIN SOLEIL.

J'ESSAIE DE LUI FAIRE DE L'OMBRE.
UNE DE SES PATTES ARRIÈRE SAIGNE.

JE N'AI PAS DE PANSEMENTS SUR MOI, MAIS MA VESTE
FERA L'AFFAIRE. IL SE LAISSE FAIRE.

IL EST TRÈS CONFIANT, JE TROUVE.
SÛREMENT PAS UN RATON DE VILLE, CELUI-LÀ.

DIFFICILE DE CONDUIRE UNE TROTTINETTE,
UN RATON LAVEUR DANS LES BRAS.

NOUS LUI CONSTRUISONS UN NID DANS UNE BOÎTE DE CARTON, ET NOUS LUI APPORTONS DU LAIT ET DES BOUTS DE PAIN.

On va l'appeler Michael Jackson.

C'est pas un nom de raton, ça.

Et alors ? Truffe, c'est pas un nom d'humain !

C'est pas ton vrai nom, tu le sais.

Alors pourquoi tout le monde m'appelle Truffe ?

Parce que t'as l'air d'une truffe.

Ben lui, il a l'air d'un Michael Jackson.

MON PÈRE NOUS LAISSE
FAIRE, MAIS REFUSE QU'IL
ENTRE DANS LA MAISON.

IL SAIT QUE MA MÈRE SERAIT
FURIEUSE, ET COMME IL S'EST
AUTORISÉ UNE BIÈRE LA VEILLE,
IL NE VEUT PAS COURIR D'AUTRES
RISQUES.

LE LENDEMAIN, MICHAEL JACKSON VA DÉJÀ MIEUX.
QUAND JE PARS POUR LE DÉPANNEUR, IL S'EXTIRPE
LENTEMENT DE SA BOÎTE ET ME SUIT.

IL BOITE, MAIS J'AI BEAU LUI DIRE DE RESTER DANS
SON NID, IL ME SUIT PAS À PAS.

DEVANT LE DÉPANNEUR, IL SE CACHE SOUS
LES MARCHES. JE LUI ACHÈTE UN POPSICLE,
QU'IL RECRACHE.

IL FAUDRA LUI PÊCHER QUELQUE CHOSE,
QUE JE ME DIS.

LE LENDEMAIN, JE M'ASSOIS AU BORD DE LA RIVIÈRE AVEC LA VIEILLE CANNE À PÊCHE DE MON PÈRE, ET JE LUI ATTRAPE TROIS CRAPETS-SOLEILS.

IL LES DÉVORE.

TRUFFE DÉCIDE DE LUI APPRENDRE DES NUMÉROS DE CIRQUE.

PENDANT UNE SEMAINE, LA VIE EST BELLE
POUR LES HOMMES DE NOTRE FAMILLE.

L'ACCIDENT DE TRUFFE

Il jouait
dans le potager.

J'étais là,
je te jure.

J'étais
juste à côté.

L'abeille est venue
se poser sur sa joue.
Truffe l'a trouvée
mignonne.

Il voulait pas
la chasser, il voulait juste
la flatter. Il a répété ça
trois fois aux médecins à l'urgence.
Quand elle l'a piqué, il est resté silencieux
quelques secondes, comme s'il pouvait
pas comprendre qu'une petite bête
aussi douce puisse lui faire aussi mal...
Ça commencé à enfler tout de suite.
J'ai eu tellement peur. On a tous eu
tellement peur. Mais il est correct, là.
Ils vont le garder jusqu'à demain,
parce que c'est épuisant,
le traitement...

Tu vas venir
le voir ?

LE PREMIER MOMENT ÉTONNANT, C'EST QUAND MA MÈRE ARRIVE À LA CAMPAGNE
DEUX HEURES APRÈS LA PIQÛRE DE TRUFFE ET NE CRIE MÊME PAS APRÈS MON PÈRE.
ELLE SE CONTENTE DE NOUS SERRER TROP LONGTEMPS DANS SES BRAS, SURTOUT
TRUFFE TOUT ENFLÉ SUR SON LIT D'HÔPITAL.

LE DEUXIÈME MOMENT ÉTONNANT,
C'EST QUAND MA MÈRE NOUS
FAIT DES CRÊPES LE LENDEMAIN
MATIN, DANS LA CUISINE DE LA
MAISON DE BOIS, ET QUE ÇA
SEMBLE TELLEMENT NORMAL QUE
C'EN EST HYPER BIZARRE.

LE TROISIÈME MOMENT ÉTONNANT,
C'EST QUAND MA MÈRE ET MON PÈRE
S'ASSOIENT SOUS LE SAULE, DANS LA
LUMIÈRE DORÉE DE LA FIN DE
JOURNÉE, ET QUE J'ENTENDS
RÉSONNER, COMME UN GLOUSSEMENT,
COMME UNE CUILLERÉE DE SIROP
D'ÉRABLE, LE RIRE DE MA MÈRE.

LE QUATRIÈME MOMENT, TELLEMENT ÉTONNANT QU'IL FAUDRAIT
INVENTER UN AUTRE MOT POUR LE DÉCRIRE, BÉTONNANT PEUT-ÊTRE,
C'EST QUAND MA MÈRE SORT DE LA CHAMBRE DE MON PÈRE LE
LENDEMAIN MATIN, LES CHEVEUX TOUT EMMÊLÉS, ET LE VISAGE
ÉTAMPÉ D'UN SOURIRE NIAISEUX.

ILS N'ATTENDENT MÊME PAS QUE LE DÉJEUNER SOIT FINI. TRUFFE A ENCORE LA BOUCHE PLEINE DE CÉRÉALES QUAND MON PÈRE NOUS ANNONCE QU'IL FAUT FAIRE NOS VALISES : NOUS PARTONS À NEW YORK TOUS LES QUATRE.

TRUFFE EXPLOSE DE JOIE ET FAIT PROMETTRE AUX PARENTS DE L'EMMENER À L'APOLLO VOIR LES PHOTOS DE JAMES BROWN.

MA MÈRE, DONT LA VOIX
RÉTRÉCIT TOUJOURS
QUAND ELLE A QUELQUE
CHOSE À CACHER, EST
PRESQUE INAUDIBLE :

*Louis, tu veux
visiter quoi, toi ?*

JE SORS MON MEILLEUR SOURIRE,
CELUI QUI SERT À LA MÊME CHOSE
QUE SA VOIX RÉTRÉCIE :

*Tout ce
que vous
voulez.*

JE PRÉPARE UNE RÉSERVE DE
POMMES ET DE POISSONS POUR
MICHAEL JACKSON, QUI SUIT LA
CONVERSATION DEPUIS LE
REBORD DE LA FENÊTRE.

LORSQUE JE LUI MONTRE SES REPAS DES PROCHAINS JOURS
ET QUE JE L'ENCOURAGE À NE PAS TOUT MANGER
D'UN SEUL COUP,

IL ME REGARDE AVEC CE QUI RESSEMBLE
TELLEMENT À UN SOURIRE QUE JE
M'ATTENDS PRESQUE À L'ENTENDRE
ME RÉPONDRE.

Courage, mon raton,
courage. Je serai
revenu bien vite.

LA GRANDE VILLE NOUS ENGLOUTIT PENDANT QUATRE
JOURS TISSÉS D'OR ET DE MILK-SHAKES.

MES PARENTS S'EMBRASSENT À TOUS LES COINS DE RUE,

TRUFFE SE FAIT DES AMIS À TOUTES LES STATIONS DE MÉTRO,

ET JE PENSE À BILLIE À TOUTES LES SECONDES.

JE M'IMAGINE ICI AVEC ELLE, À TRAVERSER LES RUES CONSTELLÉES ET À CHERCHER DES DISQUES SUR LES ÉTALS DES BOUTIQUES.

JE NOUS VOIS SUR LE PONT DE BROOKLYN, ET SOUS LES AMPOULES CLIGNOTANTES DE CONEY ISLAND.

PARTOUT JE LUI TIENS LA MAIN, ET JE SUIS EXTRÊMEMENT BRAVE.

MON PÈRE AUSSI SE SENT BRAVE.

TELLEMENT QU'IL EST CERTAIN QUE
CE N'EST PAS UN PETIT VERRE DE
VIN AVEC LE SOUPER QUI VA FAIRE
DU MAL À QUI QUE CE SOIT.

IL FAIT SI BEAU, DANS LE SOIR D'ÉTÉ AU PARC, ET MA
MÈRE VA BIENTÔT VENIR NOUS REJOINDRE AVEC TRUFFE
ET DES FRITES ET DU SMOKED MEAT. ELLE SERA
CONTENTE DE BOIRE UN VERRE,
ELLE AUSSI.

REVENIR SUR TERRE

MON PÈRE PLEURE.
IL PLEURE PENDANT CHACUN DES 612 KILOMÈTRES ENTRE NEW YORK ET MONTRÉAL.

IL PLEURE ENCORE DANS LA VOITURE
STATIONNÉE DEVANT LA « MAISON DE REPOS »
OÙ IL A PROMIS À MA MÈRE D'ALLER,
MILLE FOIS PLUTÔT QU'UNE DEPUIS HIER,
QUAND ELLE A VU LA BOUTEILLE
DE VIN TOUTE BUE DANS
LA MAIN DE MON PÈRE.

IL IRA Y VIVRE PENDANT UN MOIS MÊME SI ELLE LUI A RÉPÉTÉ DE NE RIEN
ESPÉRER D'ELLE. NOUS SAVONS TOUS QUE ÇA S'APPELLE UN CENTRE DE
DÉSINTOXICATION, MAIS PERSONNE N'A ENVIE DE LE DIRE À VOIX HAUTE.

MON PÈRE PLEURE SURTOUT AU MOMENT DE NOUS QUITTER,
ET MÊME S'IL NOUS DIT QU'IL N'A PAS PEUR, QUE TOUT IRA BIEN,
IL EST ÉVIDENT QUE C'EST LE CONTRAIRE, QU'IL A PEUR ET QUE
TOUT N'IRA PAS BIEN. IL N'AURA PAS DROIT AUX VISITES,
ÇA NUIT AU TRAITEMENT, APPAREMMENT.

ET POURTANT,
IL ENTRE À L'INTÉRIEUR,
EN SE RETOURNANT UNE DERNIÈRE FOIS VERS TRUFFE ET MOI.

CE QUI SE PASSE DANS SES YEUX
À CE MOMENT-LÀ,

QUELQUE CHOSE COMME UN TREMBLEMENT,
OU UNE NOYADE,

JE CROIS QU'IL FAUDRAIT QUE JE
DEVIENNE COMME LUI ET QUE JE BOIVE
BEAUCOUP DE BOUTEILLES DE VIN
POUR ARRIVER À L'OUBLIER.

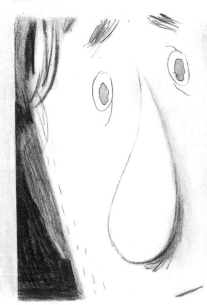

À MON RETOUR,
BORIS NE POSE PAS DE QUESTIONS.

NI SUR NEW YORK, NI SUR LE RESTE.

IL NE ME DEMANDE MÊME PAS DE NOUVELLES DE
MICHAEL JACKSON —

IL SAIT COMME MOI QUE LE RATON EST
RETOURNÉ DANS LA FORÊT LOIN DES HUMAINS
DEPUIS LONGTEMPS ET QU'IL A BIEN RAISON.

NOUS NOUS CONTENTONS DE MANGER DES BONBONS SUR LE BALCON
ET DE COMPTER LES DÉCAPOTABLES AVEC TRUFFE.

CE SOIR, MA MÈRE NOUS A FAIT DES
PIZZAS AUX OLIVES.

DEPUIS QUE MON PÈRE EST EN CURE,
NOTRE VIE S'EST TRANSFORMÉE EN
MAGASIN DE PORCELAINE. NE RIEN
BOUGER, NE RIEN CASSER.

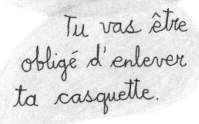

J'ai décidé de
devenir sprinter.

Tu vas être
obligé d'enlever
ta casquette.

Je sais.

BORIS ENLÈVE SA CASQUETTE UNIQUEMENT LORSQUE C'EST ABSOLUMENT NÉCESSAIRE.
IL DOIT VRAIMENT AIMER LA COURSE.

Ce qui est cool
avec la course, c'est qu'on
peut se sauver, peu importe
où on est.

MA MÈRE PASSE LA TÊTE PAR LA FENÊTRE DE LA CUISINE.

*Tu voudrais pas
en faire toi aussi,
de la course ?*

*Mes souliers
de course sont
trop petits.*

*Je te donnerai
des sous demain. Tu pourras
aller au centre-ville avec Boris,
il t'aidera à choisir.*

ELLE LE DIT AVEC UNE TELLE DOUCEUR,

COMME SI ELLE PARLAIT À UNE PLANTE
OU À UN BÉBÉ CHAT,

QUE JE NE SUIS PAS CERTAIN D'AVOIR BIEN COMPRIS.

BORIS ET MOI, SEULS AU CENTRE-VILLE ? SI CE N'ÉTAIT DE LA
TOUTE PETITE FÊLURE À LA FIN DE LA PHRASE, SI CE N'ÉTAIT
DE SA VAISSELLE QU'ELLE LAVE JUSTE UN PEU TROP LONGTEMPS
ENSUITE, COMME SI LE CLAPOTIS DE L'EAU MOUSSEUSE POUVAIT
COUVRIR LA HOULE DANS SON CŒUR, JE CROIRAIS QU'ELLE NE L'A
JAMAIS DIT.

Il est obligé de dormir dans la même chambre que quelqu'un d'autre là-bas ?

Je sais pas.

Dans des lits superposés, comme nous ?

Probablement pas.

Avec quelqu'un qui pète toute la nuit ?

Moi, c'est mon sort, et je survis.

Pourquoi ils ont arrêté de s'aimer ?

Ils ont pas arrêté. C'est ça le problème.

L'amour, c'est la liberté.

La ferme, demi-portion.

Ils l'ont dit l'autre jour, dans l'annonce de soupe.

Bonne nuit.

DORMIR, PRESQUE.

PREMIER JOUR D'ÉCOLE

Tu sais
ce que tu vas
lui dire ?

Je vais lui dire que
je l'attends depuis longtemps.
Depuis plus longtemps que la durée de
ma vie. Que je l'attends depuis mes vies
antérieures, quand j'étais preux chevalier et
homme des cavernes. Je vais lui dire qu'elle
ressemble à un cactus magnifique. Je vais lui dire
que je sais que j'ai l'air zéro viril mais que
j'ai appris cet été que le courage n'a pas
grand-chose à voir avec la virilité et tout à voir
avec le danger et que rien de rien n'est aussi
dangereux que de se tenir debout devant un
cactus magnifique pour lui faire une déclaration
d'amour, à part peut-être la guerre et les séries
éliminatoires de hockey. Je vais lui dire qu'être
en danger devant elle c'est plus merveilleux que tout
et je vais lui dire que si je me mets à pleurer
j'espère qu'elle comprendra que ce sont des larmes
de courage et que je parie que si on les conservait
dans un bocal avec les larmes de mon père et celles
de mon frère et celles des policiers fantômes après
un coup de filet extraordinaire, le bocal déborderait
et se répandrait au sol entre les craques du béton,
dans les rigoles et sous la terre et le lendemain,
une fleur pousserait, rien de spectaculaire ni d'exotique,
un petit pissenlit tout con mais tout vrai et
je le lui offrirais et je lui dirais voici
la fleur du courage, elle est pour toi,
je t'aime.

Je vais lui parler de son vélo.

Bon plan.

Je sais.

Elle est là !

MOURIR.
VIVRE.
MOURIR ENCORE.
DEVENIR FOU.
DEVENIR FORT.

Tu y vas ?

TANDIS QUE JE MARCHE VERS ELLE ET QUE
CHAQUE PAS S'IMPRIME SUR L'ASPHALTE COMME
UNE SORTE D'ALLÉE DES CÉLÉBRITÉS INSENSÉE,

TANDIS QUE BORIS
ME SUIT DES YEUX,
REMPLI D'ESPOIR
POUR NOUS TOUS,

JE COMPRENDS QUE CE QUI EST EN
TRAIN D'ARRIVER — METTRE UN PIED
DEVANT L'AUTRE, METTRE UN MOT
DEVANT L'AUTRE —,

SALUT-BILLIE-ÇA-VA-TON-VÉLO-EST-COOL-OK-BYE

CE N'EST NI PLUS NI MOINS QU'UN PETIT MIRACLE.

J'AURAI BIEN LE TEMPS DE LUI DIRE TOUT LE RESTE. PLUS TARD.

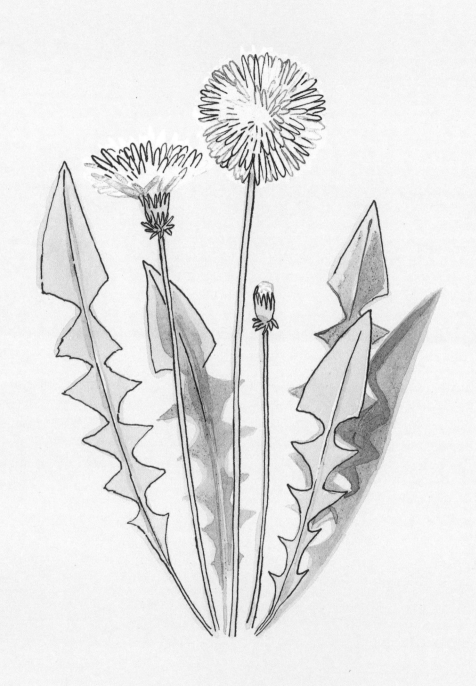

FIN

Des mêmes auteures à La Pastèque

Jane, le renard et moi, 2012

À PROPOS DES AUTEURES

Fanny Britt est écrivaine, scénariste et traductrice. Elle est l'auteure d'une dizaine de pièces de théâtre, dont *Bienveillance*, lauréate du Prix du Gouverneur général en 2013. Son premier roman, *Les maisons*, paru à l'automne 2015, est finaliste du prix France-Québec. Elle a également fait paraître un essai, *Les tranchées – Maternité, ambiguïté, féminisme*, en plus d'avoir traduit et adapté une trentaine de pièces de théâtre et de romans. Sa première collaboration avec Isabelle Arsenault, *Jane, le renard et moi*, a été traduite en plusieurs langues et a remporté une douzaine de prix nationaux et internationaux, en plus d'avoir été classé parmi les dix meilleurs livres illustrés de 2013 par le New York Times. Elle vit à Montréal avec son mari et leurs deux fils.

Isabelle Arsenault est une illustratrice jeunesse dont le travail a été de nombreuses fois récompensé et encensé par la critique. Elle a publié plusieurs titres phares à La Pastèque, dont *Fourchon* et *Virginia Wolf* avec Kyo Maclear, *Alpha*, *Une berceuse en chiffons* avec Amy Novesky, et bien sûr *Jane, le renard et moi* avec Fanny Britt. Ce dernier livre a remporté le très prestigieux Prix littéraire du Gouverneur général dans la catégorie Littérature jeunesse — livre illustrés, en 2013. La poésie qui émane de l'univers graphique d'Isabelle Arsenault, la douceur de son trait et le charme général de ses albums pour la jeunesse font d'elle l'une des illustratrices québécoises les plus estimées.

Louis parmi les spectres de Fanny Britt et Isabelle Arsenault a été achevé d'imprimer en octobre 2016
par l'imprimerie Friesens au Manitoba, pour le compte de La Pastèque, éditeur de livres depuis 1998.